VOCABULARY

WORD

DEFINITION

SENTENCE

NOTES

WORD

DEFINITION

SENTENCE

NOTES

WORD

DEFINITION

SENTENCE

NOTES

WORD

DEFINITION

SENTENCE

NOTES

WORD

DEFINITION

SENTENCE

NOTES

WORD

DEFINITION

SENTENCE

NOTES

| WORD |

DEFINITION

SENTENCE

NOTES

○

| WORD |

DEFINITION

SENTENCE

NOTES

○

| WORD |

DEFINITION

SENTENCE

NOTES

| WORD |

DEFINITION

SENTENCE

NOTES

○

| WORD |

DEFINITION

SENTENCE

NOTES

○

| WORD |

DEFINITION

SENTENCE

NOTES

WORD	

DEFINITION

SENTENCE

NOTES

○

WORD	

DEFINITION

SENTENCE

NOTES

○

WORD	

DEFINITION

SENTENCE

NOTES

WORD

DEFINITION

SENTENCE

NOTES

WORD

DEFINITION

SENTENCE

NOTES

WORD

DEFINITION

SENTENCE

NOTES

WORD

DEFINITION _____
_____
_____

SENTENCE _____
_____

NOTES _____
_____

○

WORD

DEFINITION _____
_____
_____

SENTENCE _____
_____

NOTES _____
_____

○

WORD

DEFINITION _____
_____
_____

SENTENCE _____
_____

NOTES _____
_____

WORD	

DEFINITION _____
_____
_____

SENTENCE _____
_____

NOTES _____
_____

○

WORD	

DEFINITION _____
_____
_____

SENTENCE _____
_____

NOTES _____
_____

○

WORD	

DEFINITION _____
_____
_____

SENTENCE _____
_____

NOTES _____
_____

WORD

DEFINITION

SENTENCE

NOTES

○

WORD

DEFINITION

SENTENCE

NOTES

○

WORD

DEFINITION

SENTENCE

NOTES

WORD	

DEFINITION _____
_____
_____

SENTENCE _____
_____

NOTES _____
_____

○

WORD	

DEFINITION _____
_____
_____

SENTENCE _____
_____

NOTES _____
_____

○

WORD	

DEFINITION _____
_____
_____

SENTENCE _____
_____

NOTES _____
_____

| WORD |

DEFINITION

SENTENCE

NOTES

○

| WORD |

DEFINITION

SENTENCE

NOTES

○

| WORD |

DEFINITION

SENTENCE

NOTES

WORD	

DEFINITION

SENTENCE

NOTES

WORD	

DEFINITION

SENTENCE

NOTES

WORD	

DEFINITION

SENTENCE

NOTES

| WORD |

DEFINITION _____
_____
_____

SENTENCE _____
_____

NOTES _____
_____

○

| WORD |

DEFINITION _____
_____
_____

SENTENCE _____
_____

NOTES _____
_____

○

| WORD |

DEFINITION _____
_____
_____

SENTENCE _____
_____

NOTES _____
_____

WORD

DEFINITION _____
_____
_____

SENTENCE _____
_____

NOTES _____
_____

○

WORD

DEFINITION _____
_____
_____

SENTENCE _____
_____

NOTES _____
_____

○

WORD

DEFINITION _____
_____
_____

SENTENCE _____
_____

NOTES _____
_____

WORD

DEFINITION _____
_____
_____

SENTENCE _____
_____

NOTES _____
_____

○

WORD

DEFINITION _____
_____
_____

SENTENCE _____
_____

NOTES _____
_____

○

WORD

DEFINITION _____
_____
_____

SENTENCE _____
_____

NOTES _____
_____

WORD

DEFINITION

SENTENCE

NOTES

WORD

DEFINITION

SENTENCE

NOTES

WORD

DEFINITION

SENTENCE

NOTES

WORD

DEFINITION _____
_____
_____

SENTENCE _____
_____

NOTES _____
_____

○

WORD

DEFINITION _____
_____
_____

SENTENCE _____
_____

NOTES _____
_____

○

WORD

DEFINITION _____
_____
_____

SENTENCE _____
_____

NOTES _____
_____

WORD

DEFINITION

SENTENCE

NOTES

WORD

DEFINITION

SENTENCE

NOTES

WORD

DEFINITION

SENTENCE

NOTES

WORD

DEFINITION _____
_____
_____

SENTENCE _____
_____

NOTES _____
_____

○

WORD

DEFINITION _____
_____
_____

SENTENCE _____
_____

NOTES _____
_____

○

WORD

DEFINITION _____
_____
_____

SENTENCE _____
_____

NOTES _____
_____

| WORD |

DEFINITION

SENTENCE

NOTES

| WORD |

DEFINITION

SENTENCE

NOTES

| WORD |

DEFINITION

SENTENCE

NOTES

| WORD |

DEFINITION

SENTENCE

NOTES

○

| WORD |

DEFINITION

SENTENCE

NOTES

○

| WORD |

DEFINITION

SENTENCE

NOTES

| WORD |

DEFINITION

SENTENCE

NOTES

○

| WORD |

DEFINITION

SENTENCE

NOTES

○

| WORD |

DEFINITION

SENTENCE

NOTES

WORD

DEFINITION

SENTENCE

NOTES

WORD

DEFINITION

SENTENCE

NOTES

WORD

DEFINITION

SENTENCE

NOTES

| WORD |

DEFINITION

SENTENCE

NOTES

| WORD |

DEFINITION

SENTENCE

NOTES

| WORD |

DEFINITION

SENTENCE

NOTES

| WORD |

DEFINITION

SENTENCE

NOTES

○

| WORD |

DEFINITION

SENTENCE

NOTES

○

| WORD |

DEFINITION

SENTENCE

NOTES

| WORD |

DEFINITION _____

SENTENCE _____

NOTES _____

○

| WORD |

DEFINITION _____

SENTENCE _____

NOTES _____

○

| WORD |

DEFINITION _____

SENTENCE _____

NOTES _____

WORD

DEFINITION _____
_____
_____

SENTENCE _____
_____

NOTES _____
_____

○

WORD

DEFINITION _____
_____
_____

SENTENCE _____
_____

NOTES _____
_____

○

WORD

DEFINITION _____
_____
_____

SENTENCE _____
_____

NOTES _____
_____

| WORD |

DEFINITION

SENTENCE

NOTES

| WORD |

DEFINITION

SENTENCE

NOTES

| WORD |

DEFINITION

SENTENCE

NOTES

WORD

DEFINITION _____
_____
_____

SENTENCE _____
_____

NOTES _____
_____

○

WORD

DEFINITION _____
_____
_____

SENTENCE _____
_____

NOTES _____
_____

○

WORD

DEFINITION _____
_____
_____

SENTENCE _____
_____

NOTES _____
_____

| WORD |

DEFINITION

SENTENCE

NOTES

| WORD |

DEFINITION

SENTENCE

NOTES

| WORD |

DEFINITION

SENTENCE

NOTES

| WORD |

DEFINITION

SENTENCE

NOTES

| WORD |

DEFINITION

SENTENCE

NOTES

| WORD |

DEFINITION

SENTENCE

NOTES

| WORD |

DEFINITION

SENTENCE

NOTES

| WORD |

DEFINITION

SENTENCE

NOTES

| WORD |

DEFINITION

SENTENCE

NOTES

| WORD |

DEFINITION _____
_____
_____

SENTENCE _____
_____

NOTES _____
_____

○

| WORD |

DEFINITION _____
_____
_____

SENTENCE _____
_____

NOTES _____
_____

○

| WORD |

DEFINITION _____
_____
_____

SENTENCE _____
_____

NOTES _____
_____

| WORD |

DEFINITION

SENTENCE

NOTES

| WORD |

DEFINITION

SENTENCE

NOTES

| WORD |

DEFINITION

SENTENCE

NOTES

WORD

DEFINITION _____
_____
_____

SENTENCE _____

NOTES _____
_____

○

WORD

DEFINITION _____
_____
_____

SENTENCE _____

NOTES _____
_____

○

WORD

DEFINITION _____
_____
_____

SENTENCE _____

NOTES _____
_____

WORD

DEFINITION _____

SENTENCE _____

NOTES _____

○

WORD

DEFINITION _____

SENTENCE _____

NOTES _____

○

WORD

DEFINITION _____

SENTENCE _____

NOTES _____

WORD

DEFINITION _____
_____
_____

SENTENCE _____
_____

NOTES _____
_____

○

WORD

DEFINITION _____
_____
_____

SENTENCE _____
_____

NOTES _____
_____

○

WORD

DEFINITION _____
_____
_____

SENTENCE _____
_____

NOTES _____
_____

WORD

DEFINITION

SENTENCE

NOTES

○

WORD

DEFINITION

SENTENCE

NOTES

○

WORD

DEFINITION

SENTENCE

NOTES

| WORD |

DEFINITION _____
_____
_____

SENTENCE _____
_____

NOTES _____
_____

○

| WORD |

DEFINITION _____
_____
_____

SENTENCE _____
_____

NOTES _____
_____

○

| WORD |

DEFINITION _____
_____
_____

SENTENCE _____
_____

NOTES _____
_____

WORD

DEFINITION

SENTENCE

NOTES

○

WORD

DEFINITION

SENTENCE

NOTES

○

WORD

DEFINITION

SENTENCE

NOTES

WORD

DEFINITION _____
_____
_____

SENTENCE _____
_____

NOTES _____
_____

○

WORD

DEFINITION _____
_____
_____

SENTENCE _____
_____

NOTES _____
_____

○

WORD

DEFINITION _____
_____
_____

SENTENCE _____
_____

NOTES _____
_____

WORD

DEFINITION

SENTENCE

NOTES

WORD

DEFINITION

SENTENCE

NOTES

WORD

DEFINITION

SENTENCE

NOTES

WORD

DEFINITION _____
_____
_____

SENTENCE _____

NOTES _____

○

WORD

DEFINITION _____
_____
_____

SENTENCE _____

NOTES _____

○

WORD

DEFINITION _____
_____
_____

SENTENCE _____

NOTES _____

WORD

DEFINITION _____

_____

_____

SENTENCE _____

_____

NOTES _____

_____

○

WORD

DEFINITION _____

_____

_____

SENTENCE _____

_____

NOTES _____

_____

○

WORD

DEFINITION _____

_____

_____

SENTENCE _____

_____

NOTES _____

_____

WORD

DEFINITION _____
_____
_____

SENTENCE _____
_____

NOTES _____
_____

○

WORD

DEFINITION _____
_____
_____

SENTENCE _____
_____

NOTES _____
_____

○

WORD

DEFINITION _____
_____
_____

SENTENCE _____
_____

NOTES _____
_____

WORD

DEFINITION

SENTENCE

NOTES

WORD

DEFINITION

SENTENCE

NOTES

WORD

DEFINITION

SENTENCE

NOTES

WORD

DEFINITION _____
_____
_____

SENTENCE _____
_____

NOTES _____
_____

○

WORD

DEFINITION _____
_____
_____

SENTENCE _____
_____

NOTES _____
_____

○

WORD

DEFINITION _____
_____
_____

SENTENCE _____
_____

NOTES _____
_____

WORD

DEFINITION _____
_____
_____

SENTENCE _____
_____

NOTES _____
_____

○

WORD

DEFINITION _____
_____
_____

SENTENCE _____
_____

NOTES _____
_____

○

WORD

DEFINITION _____
_____
_____

SENTENCE _____
_____

NOTES _____
_____

WORD	

DEFINITION _____
_____
_____

SENTENCE _____
_____

NOTES _____
_____

○

WORD	

DEFINITION _____
_____
_____

SENTENCE _____
_____

NOTES _____
_____

○

WORD	

DEFINITION _____
_____
_____

SENTENCE _____
_____

NOTES _____
_____

WORD

DEFINITION _____
_____
_____

SENTENCE _____
_____

NOTES _____
_____

○

WORD

DEFINITION _____
_____
_____

SENTENCE _____
_____

NOTES _____
_____

○

WORD

DEFINITION _____
_____
_____

SENTENCE _____
_____

NOTES _____
_____

WORD

DEFINITION _____
_____
_____

SENTENCE _____
_____

NOTES _____
_____

○

WORD

DEFINITION _____
_____
_____

SENTENCE _____
_____

NOTES _____
_____

○

WORD

DEFINITION _____
_____
_____

SENTENCE _____
_____

NOTES _____
_____

| WORD |

DEFINITION

SENTENCE

NOTES

| WORD |

DEFINITION

SENTENCE

NOTES

| WORD |

DEFINITION

SENTENCE

NOTES

WORD

DEFINITION _____
_____
_____

SENTENCE _____
_____

NOTES _____
_____

○

WORD

DEFINITION _____
_____
_____

SENTENCE _____
_____

NOTES _____
_____

○

WORD

DEFINITION _____
_____
_____

SENTENCE _____
_____

NOTES _____
_____

| WORD |

DEFINITION

SENTENCE

NOTES

| WORD |

DEFINITION

SENTENCE

NOTES

| WORD |

DEFINITION

SENTENCE

NOTES

| WORD |

DEFINITION

SENTENCE

NOTES

| WORD |

DEFINITION

SENTENCE

NOTES

| WORD |

DEFINITION

SENTENCE

NOTES

WORD

DEFINITION

SENTENCE

NOTES

○

WORD

DEFINITION

SENTENCE

NOTES

○

WORD

DEFINITION

SENTENCE

NOTES

WORD

DEFINITION _____
_____
_____

SENTENCE _____
_____

NOTES _____
_____

○

WORD

DEFINITION _____
_____
_____

SENTENCE _____
_____

NOTES _____
_____

○

WORD

DEFINITION _____
_____
_____

SENTENCE _____
_____

NOTES _____
_____

WORD

DEFINITION

SENTENCE

NOTES

○

WORD

DEFINITION

SENTENCE

NOTES

○

WORD

DEFINITION

SENTENCE

NOTES

WORD

DEFINITION

SENTENCE

NOTES

WORD

DEFINITION

SENTENCE

NOTES

WORD

DEFINITION

SENTENCE

NOTES

| WORD |

DEFINITION

SENTENCE

NOTES

| WORD |

DEFINITION

SENTENCE

NOTES

| WORD |

DEFINITION

SENTENCE

NOTES

| WORD |

DEFINITION

SENTENCE

NOTES

| WORD |

DEFINITION

SENTENCE

NOTES

| WORD |

DEFINITION

SENTENCE

NOTES

| WORD |

DEFINITION

SENTENCE

NOTES

| WORD |

DEFINITION

SENTENCE

NOTES

| WORD |

DEFINITION

SENTENCE

NOTES

WORD

DEFINITION _____
_____
_____

SENTENCE _____
_____

NOTES _____
_____

○

WORD

DEFINITION _____
_____
_____

SENTENCE _____
_____

NOTES _____
_____

○

WORD

DEFINITION _____
_____
_____

SENTENCE _____
_____

NOTES _____
_____

WORD

DEFINITION

SENTENCE

NOTES

WORD

DEFINITION

SENTENCE

NOTES

WORD

DEFINITION

SENTENCE

NOTES

| WORD |

DEFINITION

SENTENCE

NOTES

| WORD |

DEFINITION

SENTENCE

NOTES

| WORD |

DEFINITION

SENTENCE

NOTES

WORD

DEFINITION

SENTENCE

NOTES

WORD

DEFINITION

SENTENCE

NOTES

WORD

DEFINITION

SENTENCE

NOTES

WORD

DEFINITION _____
_____
_____

SENTENCE _____
_____

NOTES _____
_____

○

WORD

DEFINITION _____
_____
_____

SENTENCE _____
_____

NOTES _____
_____

○

WORD

DEFINITION _____
_____
_____

SENTENCE _____
_____

NOTES _____
_____

WORD

DEFINITION _____

SENTENCE _____

NOTES _____

○

WORD

DEFINITION _____

SENTENCE _____

NOTES _____

○

WORD

DEFINITION _____

SENTENCE _____

NOTES _____

WORD

DEFINITION _____
_____
_____

SENTENCE _____
_____

NOTES _____
_____

◯

WORD

DEFINITION _____
_____
_____

SENTENCE _____
_____

NOTES _____
_____

◯

WORD

DEFINITION _____
_____
_____

SENTENCE _____
_____

NOTES _____
_____

| WORD |

DEFINITION

SENTENCE

NOTES

| WORD |

DEFINITION

SENTENCE

NOTES

| WORD |

DEFINITION

SENTENCE

NOTES

WORD

DEFINITION _____
_____

SENTENCE _____

NOTES _____
_____

○

WORD

DEFINITION _____
_____

SENTENCE _____

NOTES _____
_____

○

WORD

DEFINITION _____
_____

SENTENCE _____

NOTES _____
_____

WORD

DEFINITION

SENTENCE

NOTES

○

WORD

DEFINITION

SENTENCE

NOTES

○

WORD

DEFINITION

SENTENCE

NOTES

| WORD |

DEFINITION

SENTENCE

NOTES

| WORD |

DEFINITION

SENTENCE

NOTES

| WORD |

DEFINITION

SENTENCE

NOTES

WORD

DEFINITION _____
_____
_____

SENTENCE _____
_____

NOTES _____
_____

○

WORD

DEFINITION _____
_____
_____

SENTENCE _____
_____

NOTES _____
_____

○

WORD

DEFINITION _____
_____
_____

SENTENCE _____
_____

NOTES _____
_____

WORD

DEFINITION

SENTENCE

NOTES

○

WORD

DEFINITION

SENTENCE

NOTES

○

WORD

DEFINITION

SENTENCE

NOTES

WORD	

DEFINITION _____
_____
_____

SENTENCE _____
_____

NOTES _____
_____

○

WORD	

DEFINITION _____
_____
_____

SENTENCE _____
_____

NOTES _____
_____

○

WORD	

DEFINITION _____
_____
_____

SENTENCE _____
_____

NOTES _____
_____

WORD

DEFINITION _____
_____
_____

SENTENCE _____

NOTES _____
_____

○

WORD

DEFINITION _____
_____
_____

SENTENCE _____

NOTES _____
_____

○

WORD

DEFINITION _____
_____
_____

SENTENCE _____

NOTES _____
_____

WORD

DEFINITION

SENTENCE

NOTES

WORD

DEFINITION

SENTENCE

NOTES

WORD

DEFINITION

SENTENCE

NOTES

| WORD |

DEFINITION _____
_____
_____

SENTENCE _____

NOTES _____

○

| WORD |

DEFINITION _____
_____
_____

SENTENCE _____

NOTES _____

○

| WORD |

DEFINITION _____
_____
_____

SENTENCE _____

NOTES _____

WORD

DEFINITION

SENTENCE

NOTES

WORD

DEFINITION

SENTENCE

NOTES

WORD

DEFINITION

SENTENCE

NOTES

WORD

DEFINITION _____
_____
_____

SENTENCE _____
_____

NOTES _____
_____

○

WORD

DEFINITION _____
_____
_____

SENTENCE _____
_____

NOTES _____
_____

○

WORD

DEFINITION _____
_____
_____

SENTENCE _____
_____

NOTES _____
_____

| WORD |

DEFINITION

SENTENCE

NOTES

| WORD |

DEFINITION

SENTENCE

NOTES

| WORD |

DEFINITION

SENTENCE

NOTES

WORD

DEFINITION _____
_____
_____

SENTENCE _____

NOTES _____

○

WORD

DEFINITION _____
_____
_____

SENTENCE _____

NOTES _____

○

WORD

DEFINITION _____
_____
_____

SENTENCE _____

NOTES _____

WORD

DEFINITION

SENTENCE

NOTES

○

WORD

DEFINITION

SENTENCE

NOTES

○

WORD

DEFINITION

SENTENCE

NOTES

| WORD |

DEFINITION _____
_____
_____

SENTENCE _____
_____

NOTES _____
_____

○

| WORD |

DEFINITION _____
_____
_____

SENTENCE _____
_____

NOTES _____
_____

○

| WORD |

DEFINITION _____
_____
_____

SENTENCE _____
_____

NOTES _____
_____

| WORD |

DEFINITION

SENTENCE

NOTES

| WORD |

DEFINITION

SENTENCE

NOTES

| WORD |

DEFINITION

SENTENCE

NOTES

WORD

DEFINITION _____
_____
_____

SENTENCE _____
_____

NOTES _____
_____

○

WORD

DEFINITION _____
_____
_____

SENTENCE _____
_____

NOTES _____
_____

○

WORD

DEFINITION _____
_____
_____

SENTENCE _____
_____

NOTES _____
_____

| WORD |

DEFINITION

SENTENCE

NOTES

○

| WORD |

DEFINITION

SENTENCE

NOTES

○

| WORD |

DEFINITION

SENTENCE

NOTES

WORD

DEFINITION _____
_____

SENTENCE _____

NOTES _____
_____

○

WORD

DEFINITION _____
_____

SENTENCE _____

NOTES _____
_____

○

WORD

DEFINITION _____
_____

SENTENCE _____

NOTES _____
_____

| WORD |

DEFINITION _____
_____
_____

SENTENCE _____
_____

NOTES _____
_____

◯

| WORD |

DEFINITION _____
_____
_____

SENTENCE _____
_____

NOTES _____
_____

◯

| WORD |

DEFINITION _____
_____
_____

SENTENCE _____
_____

NOTES _____
_____

WORD

DEFINITION _____
_____
_____

SENTENCE _____
_____

NOTES _____
_____

○

WORD

DEFINITION _____
_____
_____

SENTENCE _____
_____

NOTES _____
_____

○

WORD

DEFINITION _____
_____
_____

SENTENCE _____
_____

NOTES _____
_____

WORD	

DEFINITION _____
_____
_____

SENTENCE _____
_____

NOTES _____
_____

○

WORD	

DEFINITION _____
_____
_____

SENTENCE _____
_____

NOTES _____
_____

○

WORD	

DEFINITION _____
_____
_____

SENTENCE _____
_____

NOTES _____
_____

| WORD |

DEFINITION

SENTENCE

NOTES

| WORD |

DEFINITION

SENTENCE

NOTES

| WORD |

DEFINITION

SENTENCE

NOTES

WORD	

DEFINITION _____

_____

_____

SENTENCE _____

NOTES _____

○

WORD	

DEFINITION _____

_____

_____

SENTENCE _____

NOTES _____

○

WORD	

DEFINITION _____

_____

_____

SENTENCE _____

NOTES _____

WORD

DEFINITION _____

SENTENCE _____

NOTES _____

○

WORD

DEFINITION _____

SENTENCE _____

NOTES _____

○

WORD

DEFINITION _____

SENTENCE _____

NOTES _____

WORD

DEFINITION

SENTENCE

NOTES

WORD

DEFINITION

SENTENCE

NOTES

WORD

DEFINITION

SENTENCE

NOTES

WORD

DEFINITION

SENTENCE

NOTES

WORD

DEFINITION

SENTENCE

NOTES

WORD

DEFINITION

SENTENCE

NOTES

WORD	

DEFINITION

SENTENCE

NOTES

WORD	

DEFINITION

SENTENCE

NOTES

WORD	

DEFINITION

SENTENCE

NOTES

WORD

DEFINITION _____
_____
_____

SENTENCE _____
_____

NOTES _____
_____

○

WORD

DEFINITION _____
_____
_____

SENTENCE _____
_____

NOTES _____
_____

○

WORD

DEFINITION _____
_____
_____

SENTENCE _____
_____

NOTES _____
_____

WORD

DEFINITION _____
_____
_____

SENTENCE _____
_____

NOTES _____
_____

○

WORD

DEFINITION _____
_____
_____

SENTENCE _____
_____

NOTES _____
_____

○

WORD

DEFINITION _____
_____
_____

SENTENCE _____
_____

NOTES _____
_____

| WORD |

DEFINITION

SENTENCE

NOTES

○

| WORD |

DEFINITION

SENTENCE

NOTES

○

| WORD |

DEFINITION

SENTENCE

NOTES

WORD

DEFINITION _____

_____

SENTENCE _____

NOTES _____

○

WORD

DEFINITION _____

_____

SENTENCE _____

NOTES _____

○

WORD

DEFINITION _____

_____

SENTENCE _____

NOTES _____

| WORD |

DEFINITION

SENTENCE

NOTES

○

| WORD |

DEFINITION

SENTENCE

NOTES

○

| WORD |

DEFINITION

SENTENCE

NOTES

| WORD |

DEFINITION

SENTENCE

NOTES

○

| WORD |

DEFINITION

SENTENCE

NOTES

○

| WORD |

DEFINITION

SENTENCE

NOTES

WORD

DEFINITION _____
_____
_____

SENTENCE _____
_____

NOTES _____
_____

○

WORD

DEFINITION _____
_____
_____

SENTENCE _____
_____

NOTES _____
_____

○

WORD

DEFINITION _____
_____
_____

SENTENCE _____
_____

NOTES _____
_____

WORD	

DEFINITION _____

SENTENCE _____

NOTES _____

○

WORD	

DEFINITION _____

SENTENCE _____

NOTES _____

○

WORD	

DEFINITION _____

SENTENCE _____

NOTES _____

WORD	

DEFINITION _____

SENTENCE _____

NOTES _____

○

WORD	

DEFINITION _____

SENTENCE _____

NOTES _____

○

WORD	

DEFINITION _____

SENTENCE _____

NOTES _____

WORD

DEFINITION

SENTENCE

NOTES

WORD

DEFINITION

SENTENCE

NOTES

WORD

DEFINITION

SENTENCE

NOTES

WORD

DEFINITION

SENTENCE

NOTES

○

WORD

DEFINITION

SENTENCE

NOTES

○

WORD

DEFINITION

SENTENCE

NOTES

WORD

DEFINITION _____

_____

_____

SENTENCE _____

NOTES _____

_____

○

WORD

DEFINITION _____

_____

_____

SENTENCE _____

NOTES _____

_____

○

WORD

DEFINITION _____

_____

_____

SENTENCE _____

NOTES _____

_____

| WORD |

DEFINITION

SENTENCE

NOTES

○

| WORD |

DEFINITION

SENTENCE

NOTES

○

| WORD |

DEFINITION

SENTENCE

NOTES

WORD

DEFINITION _____
_____
_____

SENTENCE _____
_____

NOTES _____
_____

○

WORD

DEFINITION _____
_____
_____

SENTENCE _____
_____

NOTES _____
_____

○

WORD

DEFINITION _____
_____
_____

SENTENCE _____
_____

NOTES _____
_____

WORD

DEFINITION _____
_____
_____

SENTENCE _____
_____

NOTES _____
_____

○

WORD

DEFINITION _____
_____
_____

SENTENCE _____
_____

NOTES _____
_____

○

WORD

DEFINITION _____
_____
_____

SENTENCE _____
_____

NOTES _____
_____

WORD

DEFINITION

SENTENCE

NOTES

○

WORD

DEFINITION

SENTENCE

NOTES

○

WORD

DEFINITION

SENTENCE

NOTES

| WORD |

DEFINITION

SENTENCE

NOTES

○

| WORD |

DEFINITION

SENTENCE

NOTES

○

| WORD |

DEFINITION

SENTENCE

NOTES

| WORD |

DEFINITION

SENTENCE

NOTES

| WORD |

DEFINITION

SENTENCE

NOTES

| WORD |

DEFINITION

SENTENCE

NOTES

WORD	

DEFINITION

SENTENCE

NOTES

WORD	

DEFINITION

SENTENCE

NOTES

WORD	

DEFINITION

SENTENCE

NOTES

WORD

DEFINITION

SENTENCE

NOTES

WORD

DEFINITION

SENTENCE

NOTES

WORD

DEFINITION

SENTENCE

NOTES

WORD

DEFINITION _____
_____
_____

SENTENCE _____
_____

NOTES _____
_____

○

WORD

DEFINITION _____
_____
_____

SENTENCE _____
_____

NOTES _____
_____

○

WORD

DEFINITION _____
_____
_____

SENTENCE _____
_____

NOTES _____
_____

| WORD |

DEFINITION

SENTENCE

NOTES

| WORD |

DEFINITION

SENTENCE

NOTES

| WORD |

DEFINITION

SENTENCE

NOTES

WORD

DEFINITION

SENTENCE

NOTES

○

WORD

DEFINITION

SENTENCE

NOTES

○

WORD

DEFINITION

SENTENCE

NOTES

WORD	

DEFINITION

SENTENCE

NOTES

○

WORD	

DEFINITION

SENTENCE

NOTES

○

WORD	

DEFINITION

SENTENCE

NOTES

| WORD |

DEFINITION

SENTENCE

NOTES

| WORD |

DEFINITION

SENTENCE

NOTES

| WORD |

DEFINITION

SENTENCE

NOTES

WORD

DEFINITION _____
_____
_____

SENTENCE _____
_____

NOTES _____
_____

○

WORD

DEFINITION _____
_____
_____

SENTENCE _____
_____

NOTES _____
_____

○

WORD

DEFINITION _____
_____
_____

SENTENCE _____
_____

NOTES _____
_____

WORD

DEFINITION

SENTENCE

NOTES

○

WORD

DEFINITION

SENTENCE

NOTES

○

WORD

DEFINITION

SENTENCE

NOTES

WORD

DEFINITION

SENTENCE

NOTES

WORD

DEFINITION

SENTENCE

NOTES

WORD

DEFINITION

SENTENCE

NOTES

WORD

DEFINITION _____
_____
_____

SENTENCE _____
_____

NOTES _____
_____

○

WORD

DEFINITION _____
_____
_____

SENTENCE _____
_____

NOTES _____
_____

○

WORD

DEFINITION _____
_____
_____

SENTENCE _____
_____

NOTES _____
_____

| WORD |

DEFINITION

SENTENCE

NOTES

| WORD |

DEFINITION

SENTENCE

NOTES

| WORD |

DEFINITION

SENTENCE

NOTES

WORD

DEFINITION _____
_____
_____

SENTENCE _____
_____

NOTES _____
_____

○

WORD

DEFINITION _____
_____
_____

SENTENCE _____
_____

NOTES _____
_____

○

WORD

DEFINITION _____
_____
_____

SENTENCE _____
_____

NOTES _____
_____

| WORD |

DEFINITION

SENTENCE

NOTES

| WORD |

DEFINITION

SENTENCE

NOTES

| WORD |

DEFINITION

SENTENCE

NOTES

| WORD |

DEFINITION _____
_____
_____

SENTENCE _____
_____

NOTES _____
_____

○

| WORD |

DEFINITION _____
_____
_____

SENTENCE _____
_____

NOTES _____
_____

○

| WORD |

DEFINITION _____
_____
_____

SENTENCE _____
_____

NOTES _____
_____

WORD

DEFINITION

SENTENCE

NOTES

WORD

DEFINITION

SENTENCE

NOTES

WORD

DEFINITION

SENTENCE

NOTES

| WORD |

DEFINITION _____
_____
_____

SENTENCE _____
_____

NOTES _____
_____

○

| WORD |

DEFINITION _____
_____
_____

SENTENCE _____
_____

NOTES _____
_____

○

| WORD |

DEFINITION _____
_____
_____

SENTENCE _____
_____

NOTES _____
_____

| WORD |

DEFINITION _____
_____
_____

SENTENCE _____
_____

NOTES _____
_____

○

| WORD |

DEFINITION _____
_____
_____

SENTENCE _____
_____

NOTES _____
_____

○

| WORD |

DEFINITION _____
_____
_____

SENTENCE _____
_____

NOTES _____
_____

WORD	

DEFINITION _____
_____
_____

SENTENCE _____

NOTES _____
_____

○

WORD	

DEFINITION _____
_____
_____

SENTENCE _____

NOTES _____
_____

○

WORD	

DEFINITION _____
_____
_____

SENTENCE _____

NOTES _____
_____

| WORD |

DEFINITION

SENTENCE

NOTES

| WORD |

DEFINITION

SENTENCE

NOTES

| WORD |

DEFINITION

SENTENCE

NOTES

WORD

DEFINITION

SENTENCE

NOTES

○

WORD

DEFINITION

SENTENCE

NOTES

○

WORD

DEFINITION

SENTENCE

NOTES

WORD

DEFINITION

SENTENCE

NOTES

○

WORD

DEFINITION

SENTENCE

NOTES

○

WORD

DEFINITION

SENTENCE

NOTES

WORD

DEFINITION

SENTENCE

NOTES

○

WORD

DEFINITION

SENTENCE

NOTES

○

WORD

DEFINITION

SENTENCE

NOTES

| WORD |

DEFINITION

SENTENCE

NOTES

| WORD |

DEFINITION

SENTENCE

NOTES

| WORD |

DEFINITION

SENTENCE

NOTES

| WORD |

DEFINITION

SENTENCE

NOTES

| WORD |

DEFINITION

SENTENCE

NOTES

| WORD |

DEFINITION

SENTENCE

NOTES

WORD

DEFINITION _____
_____
_____

SENTENCE _____
_____

NOTES _____
_____

○

WORD

DEFINITION _____
_____
_____

SENTENCE _____
_____

NOTES _____
_____

○

WORD

DEFINITION _____
_____
_____

SENTENCE _____
_____

NOTES _____
_____

| WORD |

DEFINITION

SENTENCE

NOTES

○

| WORD |

DEFINITION

SENTENCE

NOTES

○

| WORD |

DEFINITION

SENTENCE

NOTES

| WORD |

DEFINITION _____
_____
_____

SENTENCE _____
_____

NOTES _____
_____

○

| WORD |

DEFINITION _____
_____
_____

SENTENCE _____
_____

NOTES _____
_____

○

| WORD |

DEFINITION _____
_____
_____

SENTENCE _____
_____

NOTES _____
_____

| WORD |

DEFINITION

SENTENCE

NOTES

| WORD |

DEFINITION

SENTENCE

NOTES

| WORD |

DEFINITION

SENTENCE

NOTES

WORD

DEFINITION _____
_____
_____

SENTENCE _____
_____

NOTES _____
_____

○

WORD

DEFINITION _____
_____
_____

SENTENCE _____
_____

NOTES _____
_____

○

WORD

DEFINITION _____
_____
_____

SENTENCE _____
_____

NOTES _____
_____

WORD

DEFINITION

SENTENCE

NOTES

○

WORD

DEFINITION

SENTENCE

NOTES

○

WORD

DEFINITION

SENTENCE

NOTES

| WORD |

DEFINITION

SENTENCE

NOTES

| WORD |

DEFINITION

SENTENCE

NOTES

| WORD |

DEFINITION

SENTENCE

NOTES

Made in the USA
Monee, IL
06 June 2022